RESET

*Cómo recuperar tu voz,
tu poder y tu paz*

Sara Esther Hernández

RESET – Cómo recuperar tu voz, tu poder y tu paz
Todos los Derechos de Edición Reservados
© 2025, Sara Esther Hernández
Foto de Portada © 2025, Sara Esther Hernández
Pukiyari Editores

Prohibida la reproducción total o parcial de este libro. Este libro no puede ser reproducido, transmitido, copiado o almacenado, total o parcialmente, utilizando cualquier medio o forma, incluyendo gráfico, electrónico o mecánico, sin la autorización expresa y por escrito del autor, excepto en el caso de pequeñas citas utilizadas en artículos y comentarios escritos acerca del libro.

ISBN-13: 978-1-63065-172-5

Índice

DEDICATORIA 9
INTRODUCCIÓN ¿Por qué RESET? 13
CAPÍTULO 1 Mi historia 17
CAPÍTULO 2 La máscara de la productividad 33
CAPÍTULO 3 Un amor que me costó demasiado 39
CAPÍTULO 4 Mil silencios, mil tragos amargos 45
CAPÍTULO 5 Cuando el cuerpo dice basta 54
CAPÍTULO 6 El poder de nombrar el patrón 66
CAPÍTULO 7 Límites como protección, no como castigo 75
CAPÍTULO 8 Elegirme sin permiso 81
CAPÍTULO 9 El día que volví a mí 86
CAPÍTULO 10 El renacimiento no es mágico, es intencional 91
CAPÍTULO 11 Cuidarme como acto espiritual 96
CAPÍTULO 12 Mi cuerpo, mi templo, mi verdad 105
CAPÍTULO 13 Lo que aprendí de mi RESET 118
CAPÍTULO 14 Gracias por caminar conmigo 122

DEDICATORIA

A las mujeres de mi linaje

A mi madre, a mi abuela, a mis hermanas, a mis amigas, y a todas las que vinieron antes que yo con su fuerza silenciosa, con su capacidad de amar aun sin ser vistas, con su lucha callada por sostener un hogar, una familia, una vida o una relación que no las impulsaba a crecer. A las que amaron con el alma rota, callaron su propia voz, lloraron en silencio o se quedaron donde no se les reconocía, aunque su corazón ya se había ido. Este libro es para ustedes, porque con cada paso que doy hacia mi libertad también las honro y las libero.

A todas las mujeres que llegaron a mí con el alma cansada, buscando un consejo o simplemente ser escuchadas: al oírlas descubrí que yo no estaba sola, y decidí que ustedes tampoco lo estarían. Porque en nuestras historias compartidas encontré la fuerza para romper el silencio y elegir un camino distinto.

A mi hija Sofía

A ti, mi amor, porque con solo mirarte entendí que debía sanar para no heredar; amarme para enseñarte a amarte; aprender a poner límites para que tú nunca tengas que aprenderlo desde el dolor. Ojalá este libro sea un mapa, un susurro en tus días confusos, un abrazo que te recuerde que tu valor no se negocia. No estás aquí para aguantar ni para encajar: estás aquí para ser tú.

A mi hijo Eduardo

Mi amor, tu mirada me recuerda que también existen hombres gentiles, empáticos y sanos, capaces de amar y honrar a las mujeres. En ti veo la posibilidad de una nueva generación de hombres que escuchan, que respetan, que acompañan sin dominar.

Este libro también es un recordatorio para los hombres. Para que sepan que la verdadera fortaleza no está en controlar, sino en sostener; no en imponerse, sino en compartir; no en callar emociones, sino en expresarlas con verdad.

Este libro no trae verdades absolutas, sino cicatrices compartidas y la voz de una mujer que eligió volver a sí misma. Hoy soy más fuerte, pero no me he endurecido. Sigo siendo cálida, afectuosa y amorosa. Hoy camino distinto, no por rebeldía, sino por reparación. Rompo el ciclo y en cada paso les llevo conmigo. Este libro es, con amor, dedicado a ustedes.

INTRODUCCIÓN
¿Por qué RESET?

No fue una decisión, fue un grito interno; una llamada que no podía seguir ignorando. Después de años de sostener, liderar, producir, cuidar y aguantar, mi cuerpo dijo "¡basta!" y lo que parecía una cirugía más, se convirtió en una pausa obligada. Una pausa que abrió heridas, pero también puertas.

Durante años me definí por mis roles. La mujer fuerte, la emprendedora, la madre, la pareja que comprende, la que lo soluciona todo. Y aunque me sentía orgullosa de muchas de esas facetas, había una parte de mí que se fue perdiendo en el camino: la mujer que simplemente quería sentirse amada, respetada, elegida, o que quería descansar sin culpa. Esa versión que tenía sueños propios que fueron siendo postergados por miedo.

Desde afuera, muchos veían a la mujer fuerte, veían los logros, los títulos, la imagen. Lo que no veían eran mis lágrimas en silencio. No veían el peso emocional que cargaba cada día, ese que no se nota en las fotos, pero que deja huellas profundas en el alma.

Este libro nació de ese punto de quiebre. No del tipo "glamoroso" donde todo se resuelve con frases bonitas, sino del proceso real, crudo, íntimo. El reinicio que comienza cuando decides que ya no estás dispuesta a seguir desapareciendo en tu propia vida, una pausa para mirar hacia adentro. No lo escribí desde el lugar de la mujer que lo tiene todo resuelto, sino desde la mujer que decidió no rendirse

RESET es un viaje íntimo, valiente y sanador, que nació como un acto de amor escrito con cicatrices reales. Por ello espero que este libro sea un espejo donde muchas mujeres se vean reflejadas. Esta es una conversación honesta sobre relaciones que duelen, silencios que pesan, y también sobre decisiones que liberan, propósitos que renacen, y límites que sanan.

Aquí no se romantiza el dolor, pero sí se honra la fuerza que emerge cuando te atreves a escucharte y a elegirte.

Este libro es para ti, que estás lista para volver a ti misma. No como antes. Sino con más conciencia, más poder y más paz. Porque volver a ti no es un lujo. Es un acto de dignidad. Y a veces basta una palabra, una frase, una historia para comenzar a hacerlo. Aquí empieza tu RESET. No necesitas destruirlo todo. Pero sí necesitas dejar de traicionarte a ti misma. Este libro es tu permiso y tu mapa.

Empecemos.

CAPÍTULO 1
Mi historia

Yo nací en un pequeño pueblo del sur de México, en Catemaco, Veracruz. Este lugar es mágico, hay reservas ecológicas y también es conocido por ser la tierra de las brujas, hay una división entre la creencia del esoterismo y la creencia religiosa, la gente es humilde, alegre y sencilla. Hay mucha música de genero tropical, como es acostumbrado en la costa, puedes escuchar a los grupos musicales emergentes ensayar en el patio de una casa, la gente cierra las calles para hacer una fiesta y es típico escuchar la radio a todo volumen.

Mi padre era ingeniero químico, y aunque vivíamos con una economía de clase media, nuestra vida era sencilla, a veces con privilegios, a veces con carencias, pero nunca me sentí pobre.

Desde muy pequeña me encantaba fantasear despierta. Todo lo que veía a mi alrededor —la vida diaria, las novelas, las películas— era una inspiración. Me imaginaba viajando por todos esos lugares que veía en la televisión y en las revistas de modas donde los *paparazzis* publicaban fotos de las celebridades. Me soñaba aprendiendo música, tocando un instrumento, y hasta cantando, pero por seguro sabía que quería estar en un escenario. Me veía visitando lugares hermosos y compartiendo momentos con amigas, como en esas escenas de televisión que tanto me gustaban. Ya acostada en mi cama, creaba en mi mente visiones tan detalladas que podía sentir los colores, los sonidos, incluso el clima de esos lugares; y así, mientras visualizaba todas esas cosas tan lindas, me quedaba dormida.

Y con el tiempo, esas oportunidades se fueron presentando. A la edad de doce años mi papa me inscribió en clases de teclado. Él decía que una mujer educada, aparte del estudio académico, debía saber de arte y hacer deporte. Así que como lo más disponible en mi pueblo es la música, ahí me puso. Con el tiempo estuve en un grupo femenino de música tropical y cumbias, donde yo era la tecladista y a veces me dejaban cantar. En esa época yo cursaba la preparatoria. Una vez ingresada en la universidad conocí amigos de otros pueblos aledaños y formamos una banda de rock. Al tiempo que estudiaba música también practicaba artes marciales, esa sí era mi pasión, lo sigue siendo, logré mi cinta negra, participé en torneos, la verdad que era buena en este deporte.

En mi época escolar se filmó una película de talla internacional, para mí era increíble porque nunca pensé que un pueblo tan lejano fuera atractivo para una locación de un filme, la película se llama "The Burning Season, the story of Chico Mendes", protagonizada por el actor Raúl Julia, quien se hizo famoso por la película "Los

Locos Adams"; el actor Edward James Olmos, quien interpretó al papá de Selena en la película "Selena"; al igual que la actriz brasileña Sonia Braga. Recuerdo que llegaron estos extranjeros y convocaron al pueblo para contratar "extras" para la película. Cuando fuimos nos encontramos con un gran tumulto en la plaza. Yo iba de la mano con mi papá y nos pusimos a navegar entre el gentío. Él quería ser contratado. Dando empujones llegamos hasta adelante, donde se encontraba el personal. Y entre tanta gente que levantaba la mano para ser elegidos, me prefirieron a mí. Yo tenía en ese entonces dieciséis años, mi cabello era negro azabache, muy largo. Enseguida me hicieron a un lado, mi papá nunca me soltó y me acompañó a ver de qué se trataba. Alguien del equipo le dijo a mi papá: "La queremos a ella para que sea la doble de Sonia Braga, trabajará tres meses, lo que dura la filmación de la película, los llamados pueden ser a cualquier hora y duran de ocho a doce horas, y tenemos varias locaciones alrededor". Me imagino que negociaron el pago, y mi papá me dijo: "Listo, tú trabajas en la película, yo hablaré con la directora de la escuela para que faltes, pero eso no quiere decir que no estudiarás en tu tiempo libre, y cada que sea posible irás a la escuela a presentar los exámenes". Y así sucedió. Conviví con estos actores por tres meses. En mis ratos libres estudiaba, yo no les entendía mucho puesto que hablaban inglés, pero me llevaba un diccionario para poder traducir y entender. Fue una experiencia increíble, y de ahí surgió con más fuerza mi deseo de salir a conocer el mundo.

Al terminar la película me invitaron a participar en un concurso de belleza auspiciado por una estación de radio de alto alcance, pues cubría siete Estados de la República y se encontraba en San Andrés Tuxtla, una ciudad a unos veinte minutos de Catemaco. Pues gané este concurso y eso me dio la oportunidad de trabajar en la radio y certificarme profesionalmente. Al mismo tiempo estudiaba informática, una carrera que me vi forzada a estudiar, ya que mi papá decía que era la profesión del futuro. Justo a un semestre de terminarla mi papá falleció. Entonces dejé la universidad y me fui de la casa a buscar el mundo que yo anhelaba. Me fui al Estado de Michoacán, muy lejos de mi pueblo, ahí trabajé en televisión, conocí a quien fue mi esposo y padre de mis hijos, Eduardo y Sofía, y ya con él me mudé a Texas en Estados Unidos.

Estuvimos casados por quince años. Al divorciarme me enfrenté a las dificultades que viven muchas madres solteras y me enfoqué en comenzar un negocio para tener la libertad de darle más tiempo a mis hijos, lo cual es un reto cuando estás en un país donde no cuentas con tu familia.

Lo que he logrado en la vida primero lo vi con mi mente y mi corazón. Nunca sentí aprensión para intentarlo, incluso cuando nadie quería acompañarme o apoyarme en mis aventuras. Esa era yo: valiente, soñadora, intrépida, sin miedo al éxito. No me di cuenta del momento exacto en que empecé a dejar mis metas a un lado, pero sí recuerdo las excusas: "Ya estoy grande para eso", "no tengo tiempo", "el trabajo me absorbe", "no tengo energía". Y así, poco a poco, fui olvidando a esa joven que no se detenía ante nada.

Cuando olvidas quién eres

No pasa de un día para otro. Olvidarte de ti es un proceso lento y silencioso. Primero cedes un espacio, luego un deseo, después una opinión. Y sin darte cuenta, dejas de ser la protagonista de tu propia vida. Te acostumbras a callar para no incomodar. A decir "sí" cuando quisieras decir "no". A ponerte en último lugar, porque crees que eso es amor, compromiso o lealtad. Pero en el fondo sabes que algo no está bien, tu cuerpo lo siente, tus emociones lo gritan, tu intuición lo sabe.

Y, sin embargo, sigues. Porque hay responsabilidades, negocios, pareja, hijos, familia… es tu rutina de un día más, y qué miedo da dejar lo conocido para arriesgarse a algo nuevo que puede ser gratificante. Es el miedo al fracaso, como si este fuera la única opción. Recuerdas que en algún momento tú podías con todo. Hasta que un día ya no puedes más.

Las muchas formas de olvidarse de sí misma

No fue una gran crisis. No fue un solo grito ni un solo llanto. Para mí fueron mil reclamos que con el tiempo se convirtieron en mil silencios. Mil tragos amargos. Mil momentos en los que me hice pequeña "para encajar" o para "preservar la paz" dentro de mi relación personal y laboral.

Hay muchas formas de olvidarse de una misma, y casi nunca suceden de golpe. Ocurren en silencios prolongados, en decisiones postergadas, en palabras no dichas y en actitudes que toleramos. Y lo más doloroso es que no siempre lo notamos en el momento. A veces se necesita distancia. tiempo o perspectiva para darnos cuenta de cuánto nos hemos abandonado.

Perdí mi centro al ceder estos espacios por agotamiento, al aceptar menos de lo que merecía, al anteponer las necesidades de otros por las mías.

Y al final yo misma me decía que no era para tanto, al permitir comportamientos inaceptables por miedo a perder lo poco que se me daba... aceptando migajas. Y así, poco a poco, la paz interior se fue desvaneciendo.

La joven que aún no tiene hijos...

Puede olvidarse de sí misma cuando se une emocionalmente a alguien que no honra su valor. Lo tolera todo en nombre del amor, creyendo que la paciencia y la comprensión serán suficientes para que la relación florezca. Tal vez esté atravesando el período de ajuste a una nueva pareja. A lo mejor alguien de otra cultura, con costumbres distintas, un nivel socioeconómico diferente, una edad más avanzada o mucho más joven. Quizá nunca se ha detenido a pensar en cuáles son sus límites, o nunca los ha establecido por falta de experiencia, o simplemente porque nadie le enseñó que el amor no significa sacrificar la propia dignidad.

En su deseo de encajar, cede a comportamientos que, si los viera en una amiga, le diría sin dudar: "No te dejes". Pero desde dentro el apego puede ser más fuerte que la conciencia, y el miedo a quedarse sola se disfraza de paciencia. Así, poco a poco, va perdiendo claridad de sus prioridades y sus límites. Comienza a moldearse, a suavizar su carácter para no "perderlo", a editar sus palabras y su esencia. Se convierte en una versión reducida de sí misma... esperando que alguien, algún día, la ame por completo, sin darse cuenta de que, al hacerlo, se está abandonando a sí misma primero.

El hombre joven que aún no tiene hijos...
También puede olvidarse de sí mismo cuando asume el rol de sostener a una mujer inexperta, sin rumbo claro o sin objetivos definidos. Desde el inicio, carga con la idea de que debe ser "el hombre suficiente" que resuelve, protege y provee, incluso cuando él mismo está intentando aclarar su propio panorama de vida. A

veces lo hace por amor, otras por el deseo de ser reconocido, y en ocasiones por patrones aprendidos en la infancia, donde quizá se le enseñó que su valor estaba en su capacidad de sacrificarse por otros y "resolver".

Puede encontrarse atrapado en relaciones con dinámicas tóxicas o destructivas, repitiendo sin querer los modelos que vio en casa. Su necesidad de "ser el fuerte" lo lleva a postergar sus propios sueños, a dejar de lado su bienestar y a vivir bajo una presión silenciosa. En ese afán de sostenerlo todo, se olvida de preguntarse: "¿Y quién me sostiene a mí?". Así, sin darse cuenta, empieza a desaparecer su voz, sus deseos y su verdadera esencia… creyendo que para ser digno de amor debe ser siempre quien resuelve, aunque por dentro se esté apagando.

La mujer que vive en un hogar que ya no la nutre…

La mujer que habita un espacio que dejó de ser su refugio comienza a olvidarse de sí misma.

Se calla para evitar discusiones, se somete a la voluntad y deseos de su pareja porque no contribuye económicamente al hogar, y poco a poco la relación se vuelve desigual. Ella sostiene la casa, vela por la educación de los hijos y toma como suyas las necesidades de todos, pero al mismo tiempo deja de atender sus propias necesidades.

La Palabra de Dios nos advierte que esto no es bueno. En 2 Corintios 6:14 encontramos la enseñanza del "yugo desigual": *"No os unáis en yugo desigual con los incrédulos; porque ¿qué compañerismo tiene la justicia con la injusticia? ¿Y qué comunión la luz con las tinieblas?"*.

El yugo, en la agricultura antigua, se utilizaba para unir a dos bueyes que debían caminar juntos en la misma dirección. Pero si eran de diferente fuerza o tamaño, se hacía imposible avanzar con rectitud. Así también ocurre en la vida espiritual y en las relaciones: cuando dos personas no comparten valores, principios o fe, inevitablemente surgen tensiones y el rumbo se desajusta.

San Pablo utiliza esta metáfora para recordarnos que las uniones profundas —ya sea en matrimonio, en sociedad o en alianzas significativas— necesitan equilibrio. De lo contrario, la fuerza de uno se desgasta mientras el otro avanza en otra dirección.

En una relación de pareja, lo ideal es que exista ese equilibrio de convivencia, de valores, de apoyo mutuo y de desarrollo personal y espiritual. Cuando la mujer se ve minimizada, ignorada o anulada dentro de esa unión, pierde su voz, su esencia y su propósito. Y cuando una mujer se pierde a sí misma, no solo deja de florecer, también deja de reflejar la plenitud de la vida que Dios soñó para ella.

La soñadora silenciada...

Se olvida de sí misma cuando guarda sus sueños en un cajón porque su pareja no los entiende, o peor aún, se burla de ellos. Cuando sus seres más cercanos —madre, hermana, amiga— en lugar de alentarla, le lanzan comentarios como "¿Para qué te complicas?", "Es muy difícil, no es para ti", "Ya estás grande para eso, mejor enfócate en tu familia". Y así, rodeada de afectos que no creen en ella, empieza a dejar de creer en sí misma también. La crítica constante se convierte en la voz interior que la sabotea. Y sin darse cuenta, el abandono propio se disfraza de "realismo", cuando en realidad es miedo aprendido.

Y lo más desgarrador...

Es que muchas veces este olvido no lo provoca un enemigo externo, sino las personas que más queremos. Aquellas que decimos que son "nuestra gente". Porque muchas veces son aquellos de nuestro entorno los que no saben cómo sostener nuestra evolución. No porque no nos amen, sino porque a veces, simplemente, no pueden vernos más allá de lo que ellos mismos se permiten ver de sí.

Y sin embargo... nunca es demasiado tarde para recordarnos.

Olvidarme de mí no fue una elección consciente. Fue una acumulación de momentos en los que no me elegí.

Y lo más duro no fue darme cuenta.

Fue aceptar que nadie me iba a venir a rescatar. Que no había nadie a quien culpar. Que si yo quería volver a mí, tenía que empezar por recordar quién era antes de que el mundo me apagara la voz.

Reflexión

Cada vez que aceptamos menos de lo que merecemos, nos alejamos de nosotras. Cada vez que callamos por miedo, por costumbre, o por dependencia, nos borramos un poco. Cada vez que postergamos nuestra voz, nuestros deseos, nuestras decisiones, nos olvidamos. Merecemos desarrollar nuestros sueños, vivir nuestro propósito y compartir con el mundo nuestros talentos y habilidades. Estamos llamados a servir y a crear, a entregarnos en aquello que nos hace felices. No se trata de egocentrismo ni de altanería, sino de reconocer que este es el verdadero propósito del ser humano.

Preguntas para ti
- ¿Cuándo fue la última vez que hiciste algo solo por ti?
- ¿En qué momentos te sientes desconectada de ti misma?
- ¿Qué parte de ti extrañas más?

Acción RESET

Escribe una carta a la versión de ti que se quedó esperando. Háblale con amor. Dile que estás de vuelta.

Afirmación

"Hoy me elijo de nuevo. Abrazo a la versión de mí que dejé atrás y, con valentía, tomo la decisión de retomar cada sueño sin miedo a fallar…porque sé que lo intentaré con el alma entera. Y esta vez no pienso soltarme".

CAPÍTULO 2
La máscara de la productividad

Una de las formas más aceptadas de huir de una misma es mantenerse ocupada. Ser "productiva" es una máscara elegante. Nadie cuestiona a la mujer que siempre está haciendo, resolviendo, logrando. De hecho, la aplauden. La llaman fuerte, admirable, incansable. Y esa validación es tan adictiva como engañosa.

Porque mientras tú produces, construyes y resuelves... te distraes... y en esa distracción te pierdes.

Yo misma me escondí detrás de mi empresa, de mis logros, de las tareas interminables. Cumplía con todo lo que se esperaba de mí. Llegaba a tiempo, entregaba resultados, resolvía problemas, y no podía decir no, aunque tuviera que partirme en dos. A los ojos de los demás, era "exitosa". Aunque por dentro no me sentía realizada.

Cuando alguien me felicitaba, yo sonreía, pero en mi interior pensaba: "Están exagerando". Esa sensación tiene nombre: *Síndrome del impostor*. Es vivir con una voz interna que cuestiona cada paso, que minimiza cada triunfo y que te convence de que, en cualquier momento, alguien descubrirá que no eres tan buena como pareces.

En mi caso, esa voz se alimentaba de dinámicas laborales invisibles, pero dolorosas. Compartía un negocio con mi pareja. Presentaba ideas, estrategias, soluciones... y muchas eran rechazadas sin consideración. Tiempo después, esas mismas propuestas reaparecían en su voz, ahora vestidas como "sus" ideas.

Yo escuchaba, observaba, y dentro de mí surgía esa frase muda: "Te lo dije". Sin embargo, me quedaba en silencio para no iniciar una discusión. Y aunque sentía una pequeña validación interna por saber que mi visión era correcta, me quedaba con un sabor amargo y sensación de vacío al ver que el reconocimiento no llegaba a mí, sino a él. Y ese deseo de validación no proviene del ego, sino de una necesidad intrínseca del ser humano de pertenecer, aportar, sentirse útil. En mi caso es también una brújula interna, la señal de que mi capacidad de liderazgo es efectiva.

La productividad me dio estructura... pero también me quitó presencia. Me entumecía, mi mentalidad estaba enfocada en dar resultados, pero me alejó de mis emociones, de mi cuerpo, de mi paz.

Y lo más complejo de todo es que la productividad no solo me mantenía ocupada, sino que me hacía sentir valiosa. Como si entre más hiciera, más demostraba mi amor, mi lealtad, mi compromiso. De paso que también era una forma de decir: "Mírame, estoy dando todo de mí. ¿Acaso no lo ves?".

Y lo hacía con la esperanza silenciosa de que cada nuevo logro generara un cambio. Que la persona por la cual me estaba sacrificando —ya fuera en lo emocional o en lo profesional— se sintiera orgulloso, satisfecho y reconociera mi valor. Que, en retribución, me apoyara a mí en los sueños que llevaba tiempo postergando.

¿Acaso no es eso lo que hacen los socios? ¿No es ese también el papel de una pareja, el ayudarte a sentirte realizada?

La idea de este negocio que compartía había surgido de él, y sabía que juntos estábamos sacando adelante sus proyectos. Confiaba en que después llegaría mi turno.

Pero ese día nunca llegaba.

Cuando trabajas desde el vacío, solo consigues más agotamiento. Y cuando entregas más de lo que tienes, nadie te lo agradece... porque ya se volvió tu estándar. Y la gente se beneficia de lo que le aportas y si no hicieron algo por ganarse esa versión generosa de ti, lo dan por sentado y no lo valoran.

En ese proceso, confundí el "hacer" con el "ser". Creí que si dejaba de producir, perdía mi valor. Y me tomó años entender que mi valor no se mide por cuánto aguanto, ni por cuánto doy, ni por cuánto produzco. Mi valor simplemente *es*.

Y eso no me lo enseñaron. Lo aprendí cuando me cansé de esperarlo.

Preguntas para ti

- ¿Qué estás haciendo todos los días que te aleja de ti misma?
- ¿Qué estás tratando de demostrar con tanto esfuerzo?
- ¿A quién le estás pidiendo validación en silencio?
- ¿Qué pasaría si dejaras de correr y simplemente *pararas*?

Acción RESET

Haz una pausa consciente de quince minutos hoy. Sin celular. Sin tareas. Solo tú. Respira. Pregúntate: "¿Qué estoy intentando sostener que ya no me pertenece?". Obsérvate. Escúchate. No necesitas hacer nada para merecer estar contigo.

Afirmación

"Hoy me quito la máscara de productividad vacía. Enfoco mis esfuerzos en proyectos que honran mi talento, mi propósito y mi vocación. El servicio que doy beneficia a quienes me rodean y se me retribuye con lo que merezco y necesito para ser feliz".

CAPÍTULO 3
Un amor que me costó demasiado

A veces no te das cuenta de cuánto te cuesta una relación hasta que ya no te queda energía ni para ti.

Y ese tipo de amor no llega gritando. Llega con promesas, con momentos buenos, con justificaciones. Llega con una mezcla de amor genuino y patrones no resueltos.

Te hace creer que si tú cambias, si tú mejoras, si tú te esfuerzas más, entonces él también cambiará.

Y tú lo intentas porque amas y porque tienes fe. Porque sabes que debajo de su dureza o su indiferencia hay un corazón que quiere amar también. Y así comienza el sacrificio silencioso.

Empiezas a adaptarte y a justificar lo que no se debe justificar. A minimizar lo que te duele; a cuestionar tu propia sensibilidad y percepción. Empiezas a vivir en función del clima emocional de otra persona, aprendes a leer sus silencios, a evitar sus explosiones, a traducir sus reacciones. Te conviertes en una experta en él y en una extraña para ti.

Y lo curioso es que no te sientes débil, al contrario, te consideras una mujer fuerte, inteligente, con autoestima, con preparación, con intuición, con una profunda vida espiritual. Y precisamente por eso te haces responsable de salvar al otro. Ves sus traumas, sus heridas de infancia, su dolor no sanado y lo comprendes, lo justificas. Te dices a ti misma: *"Todos merecemos una segunda oportunidad"*. Y crees con el alma que las personas pueden cambiar, lo cual es factible con un trabajo de fondo, con ayuda de un profesional, pero mientras tanto ahí estás tú: entregando todo de ti para ser la razón de su transformación.

Y en ese intento de salvar al otro, de ser puente para su sanación, de tener la paciencia que quizás nadie tuvo con él, dejas de observarte a ti. Dejas de ver en qué punto comenzaste a pagar el precio por sus cuentas emocionales. Dejas de notar que cada vez que lo salvas, te estás perdiendo tú. Y cuando al fin lo notas, ya estás vacía, sin fuerza, sin ilusión, con un alma agotada por cargar lo que no te corresponde.

Eso me pasó a mí.

Amé con todo, con entrega, con esperanza. Pero con cada discusión, con cada grito, con cada día de silencio, me iba olvidando un poco más de mí. Yo no lo veía como violencia. Yo lo llamaba estrés. Lo llamaba "él está pasando por mucho". Le ponía muchas etiquetas a sus excusas para justificarlo.

Pero lo que se estaba pasando era mi vida, mi energía, mi paz, mi alegría.

Este tipo de amor tiene algo muy cruel: te acostumbras a sobrevivirlo, a caminar en puntas de pie, a pensar que tú eres el problema y lo peor es que lo bueno no deja de existir. Porque hay momentos en los que es dulce, en los que se conecta, en los que parece que todo va a cambiar. Y tú te agarras de esos gestos como si fueran suficientes.

Hasta que un día no lo son, hasta que un día el cuerpo dice basta, el alma dice basta, y entonces entiendes: este amor, aunque tiene cosas hermosas, me cuesta demasiado.

Muchas mujeres atravesamos experiencias de desgaste en pareja. Algunas, lamentablemente, viven violencia doméstica física, visible, aquella que deja marcas en la piel. Existen otras actitudes igual de corrosivas que, aunque no dejan moretones, carcomen el alma. En casi todos los casos es difícil dejar la relación.

La indiferencia, el control económico, las inseguridades disfrazadas de celos, la competencia laboral en silencio, la inmadurez emocional o la falta de compromiso de quienes no se sienten listos para una relación exclusiva... todo esto erosiona lentamente la confianza y la paz.

Lo más desconcertante es que, incluso con todas estas banderas rojas ondeando frente a nosotras, muchas nos quedamos esperando "el cambio", aferradas al milagro del amor. Nos decimos que quizá con más paciencia, más entrega o más comprensión, las cosas mejorarán, o usamos la famosa frase: "Más vale malo conocido que bueno por conocer". Y sí, no todos los amores matan, pero hay amores que cuestan caro. Cuestan sueños postergados, autoestima debilitada, años que no vuelven y aunque en el momento duele reconocerlo, el verdadero milagro no es que la otra persona cambie, sino que tú te des cuenta de que mereces más.

Preguntas para ti
- ¿Qué parte de ti tuviste que apagar para sostener una relación?
- ¿Qué excusas usaste para no ver lo que ya sabías?
- ¿Qué estás esperando que cambie, cuando tú ya sabes que no va a pasar?

- ¿A quién estás intentando salvar a costa de ti misma?

Acción RESET

Escribe una carta (que no vas a enviar) a esa persona que amaste más de lo que te amaste a ti misma. Dile todo lo que callaste. Y luego dile: **"Hoy elijo volver a mí"**.

Afirmación

"El amor verdadero me nutre, me fortalece, me edifica, crece conmigo y me honra. Pero si el amor me quita la paz, mi energía y mi esencia, no es amor sino una deuda que no me corresponde".

CAPÍTULO 4
Mil silencios, mil tragos amargos

Hay cosas que no se gritan, pero duelen igual. A veces, incluso más. Porque el silencio no tiene eco, no tiene testigos y no deja huellas visibles. Pero deja grietas invisibles en el alma.

Yo no viví en un infierno lleno de insultos ni puertas azotadas todos los días. Lo mío fue más sutil. Y, por eso, más confuso. Un desacuerdo podía comenzar por algo mínimo, casi insignificante, y al cabo de un tiempo yo ya no recordaba ni siquiera la causa original de la discusión. No era el motivo en sí lo que importaba, sino la manera en que reaccionábamos: defendiendo, con todos nuestros traumas, un punto de vista. Tal vez por eso esas actitudes las llamamos "infantiles", porque provienen de heridas de la infancia y, en el fondo, se parecen a berrinches, pero en versión adulta.

Lo más dañino venía después. En las actitudes pasivo-agresivas que castigan con el silencio prolongado de "la ley del hielo", en el sarcasmo disfrazado de disculpas o bromas, en los retrasos intencionales como llegar tarde, posponer u "olvidar" cosas y promesas. También se manifestaba en gestos o lenguaje corporal hostil, en retirar el afecto como castigo, o en adoptar el rol de víctima para evitar asumir responsabilidades.

Todas estas actitudes, acumuladas una y otra vez, terminaban sembrando resentimiento, frustración, desconfianza, creando entonces un distanciamiento emocional.

Había días en los que sentía que caminaba junto a alguien que estaba ahí, pero no realmente *conmigo*, se siente como si dos personas vivieran vidas y realidades muy diferentes mientras ocupan un mismo espacio. La indiferencia y desacuerdos eran tan frecuentes que terminaban vistiéndose de "estoy ocupado", "tengo muchos problemas que resolver para el bien de los dos", o simplemente nada.

Lo más difícil de esos silencios fue saber que yo no empecé así. Yo buscaba una comunicación abierta, hablaba porque quería resolver los conflictos antes de que se hicieran más grandes ya que creía que una relación sana se construye conversando, no reprimiéndose. Y, sin embargo, cada vez que hablaba, él me tachaba de dramática, de quejumbrosa, de "siempre con lo mismo". Muchas mujeres estarán de acuerdo conmigo en que cuando una mujer "hace ruido" —cuando reclama, llora o reacciona ante estos comportamientos— es porque aún le importa, porque todavía tiene la esperanza de arreglar o mejorar la relación. Pero cuando calla, no es calma, es rendición. Y ese silencio suele ser la señal más clara de que algo dentro de ella ya se quebró.

Los gritos en una discusión asustan, sacuden el alma, tambalean el espíritu. Son una salida ruidosa a la frustración, una llamarada que estalla y amenaza con incendiarlo todo. A veces pueden ir seguidos de portazos, de objetos rotos o de golpes contra la pared. Todos estos son pasos que abren el camino hacia la violencia física. En mi relación, aunque los gritos nunca escalaron más allá de eso, yo sentía cuanto me estremecían por dentro, como si algo en mí se partiera con cada voz alzada. Y conocí una versión de mí que no reconocía, y que me asustaba, ya que llegué a imitar ese patrón como arma de defensa.

El silencio, en cambio, parecía menos dañino a los ojos de los demás. No había gritos, no había estruendo. Pero su efecto era igual de doloroso o más profundo. El silencio llega a calar como el frío, congela las emociones, deja el aire pesado e inmóvil. Cuando él decidía optar por el silencio, su lenguaje corporal hablaba fuerte, su mirada era distante, sus suspiros estaban cargados de desprecio, su frialdad se disfrazaba de calma. Eran cuchillos invisibles que me atravesaban sin necesidad de palabras.

Yo aprendí a callar, no por cobardía, sino por protección.

Cada silencio es un trago amargo y, como toda bebida amarga, al principio lo soportas, después te acostumbras, hasta que un día te hace daño.

Y es que ese silencio acumulado no desaparece el problema, sino que lo transmuta, lo somatiza, lo convierte en insomnio, en ansiedad, en contracturas, en tristeza sin explicación. Y cuando por fin quieres hablar, te das cuenta de que has perdido la práctica. Que has olvidado cómo sonar *siendo tú*.

En una de esas noches en que no podía dormir, me di cuenta de algo que me dolió profundamente: yo misma me estaba silenciando. No era solo él quien no escuchaba, era yo quien había dejado de hablar.

Y entonces comprendí que los silencios que tragamos son la voz que le quitamos a nuestra propia alma.

Cuando callamos en una relación, silenciamos nuestra voz. Nos avergüenza que nuestras amistades y familia se enteren de nuestras crisis. Tal vez, en algún momento, nos abrimos a confiar en alguien y si no nos da el consejo que resuena con el resultado que queremos, nos cerramos.

Si, por ejemplo, nos dicen: *"¿Por qué aguantas? Déjalo. Tú mereces más"*, pero no tenemos el valor, la energía o la economía para alejarnos... callamos. Y así, poco a poco, nuestra voz se apaga. Nos intimidamos a compartir nuestra opinión y terminamos perdiendo práctica para expresarla.

El callar en una relación nos daña en muchos aspectos. Lo ideal es acudir con un profesional que nos dé las herramientas para navegar nuestras diferencias.

Yo inicié terapias con la idea inicial de sacar mi lado victimista, buscando la solución para "arreglar" el problema, que obviamente —según yo— era él. Sin embargo, mi terapeuta se enfocó en mí. En buscar los porqués de mis reacciones, por qué me sentía ofendida, por qué reaccionaba como lo hacía. Y, sorprendentemente, descubrí muchas cosas interesantes sobre mí, mis heridas de infancia, mis patrones de reacción. La terapia me ayudó a rescatar mi voz.

Si bien reconocí actitudes y tendencias en él que probablemente eran consecuencia de sus propias heridas y traumas —y que, sin darme cuenta, detonaban las mías—, el enfoque de la terapia no se volcó en "arreglarlo" a él, sino en observarme a mí misma. Y eso, lejos de ser frustrante, resultó profundamente liberador.

Tuve que ser consciente de los aprendizajes heredados de mi linaje, de los patrones de comportamiento de las mujeres en mi familia que se habían repetido generación tras generación. Bien dicen que la pareja es tu espejo. Yo no lo entendía hasta el momento en que, en terapia, pude identificar con claridad cuáles de sus actitudes me detonaban emocionalmente. Fue entonces cuando aprendí a "pescar" esos momentos, a detenerme y observar qué parte de mí estaba reaccionando.

Ese ejercicio se convirtió en un entrenamiento interno: cada vez que reconocía el detonante, podía reevaluar mi reacción. Y, como un efecto mariposa, ese cambio interno impactaba también la respuesta de él o incluso de cualquier otra persona con la que tuviera una diferencia.

Todas estas dinámicas me llevaron a rescatar mi voz. A no optar por tapar los silencios, porque a veces los silencios son muy poderosos, y hay que aprender a interpretarlos y utilizarlos a nuestro favor. Aquella vez elegí conscientemente recuperar el sonido de mi voz: firme, clara y en paz conmigo misma.

Preguntas para ti
- ¿Qué te has callado por miedo a que todo empeore?
- ¿Qué partes de ti se han quedado esperando ser escuchadas?
- ¿En qué momento dejaste de hablar por miedo a ser rechazada, juzgada o castigada?

Acción RESET

Elige un tema que hayas callado mucho tiempo y busca un espacio seguro para expresarlo: puede ser con un terapeuta, en tu diario o con alguien de confianza. No se trata de confrontar, sino de liberar.

Afirmación

"He recuperado mi voz y la uso con amor. Y cuando el otro elige el silencio, no lo tomo como ausencia, sino como un gesto de su propia sanación. Le doy espacio sin soltar mi paz".

CAPÍTULO 5
Cuando el cuerpo dice basta

Ya había decidido recuperar mi voz. Aunque seguía profundamente comprometida con mi negocio, dentro de mí ardía un deseo que ya no podía seguir ignorando: quería comenzar a trabajar en mis proyectos personales, esos que llevaba años posponiendo y que, cada nuevo año, juraba que esta vez sí retomaría.

Pero el calendario pasaba, y yo seguía atrapada en la misma rutina. No lo hacía, no porque no quisiera, sino porque mi tiempo y mi energía se derramaban hacia los objetivos y necesidades de otras personas. Mi tanque quedaba vacío

Continuaba mis días de productividad empresarial, pero con un sabor amargo. Esa sensación de estar cumpliendo con todo, aunque sin avanzar en lo que me hacía sentir viva. Me miraba al espejo y veía una mujer capaz, sí, pero insatisfecha, frustrada, incluso decepcionada de sí misma.

Hubo noches en las que me hice una pregunta incómoda: *"Si tuviera que morir hoy, ¿qué podría decir de cómo viví mi vida?"*.

La respuesta me dolía, porque sabía que estaba dejando demasiado de mí en cosas que no me nutrían, y muy poco en lo que realmente encendía mi alma.

Recordé cuando llegué a Estados Unidos. Ya había estudiado inglés en la preparatoria en México y tenía buenas calificaciones. Sin embargo, la realidad fue otra: en mi primera salida a un restaurante en Texas no entendí absolutamente nada de lo que el mesero me dijo. Balbuceé unas palabras, tratando de ordenar, pero no logramos comunicarnos. Sentí vergüenza, incomodidad y una certeza que me sacudió: *"No puedo vivir entendiendo a medias, tengo que aprender inglés de verdad"*.

Esa experiencia fue un parteaguas. En menos de dos semanas, ya estaba inscrita en clases de inglés a tiempo completo. Lo que empezó como un momento incómodo se convirtió en una decisión que cambiaría mi vida: abrazar un nuevo idioma para integrarme plenamente, comunicarme con confianza y abrirme a las oportunidades que este país me ofrecía. En un año ya hablaba inglés con fluidez, y al segundo año me preparaba para el GED (Desarrollo Educativo General, por sus siglas en inglés, un examen de equivalencia de diploma de secundaria que permite obtener un certificado para quienes no terminaron la escuela secundaria tradicional). Aunque ya tenía estudios superiores en México, decidí comenzar de nuevo para dominar el idioma en diferentes áreas. Lo que parecía un retroceso se convirtió en un reto que me impulsó hacia adelante. Aprendí a manejar, trabajé de mesera, estudié Técnico Farmacéutico y, más tarde, Entrenadora Personal.

Recordar ese impulso incansable me arranca una sonrisa: hubo un tiempo en que perseguía mis sueños con una chispa única. Y cuando la perdí, comprendí que mi verdadero deseo era reencontrar a esa versión de mí y traerla de vuelta.

Esta determinación ya la mostraba desde más pequeña. Tenía doce años cuando mi mamá me envió al mercado. Mientras caminaba, despreocupada, escuché los gritos característicos de las artes marciales. Desde que tengo memoria, incluso desde mis tres años, sentía fascinación por las películas de Bruce Lee. Así que seguí el sonido de esos "¡kia!" hasta encontrarme asomando por la ventana de una pequeña academia.

Dentro, solo entrenaban niños. Me acerqué al maestro, a quien llamamos Moya, y le pregunté si las mujeres también podían entrenar. Me contestó con entusiasmo: "¡Claro! Las clases son para todo quien quiera aprender". Le pregunté el costo, y él, con una sonrisa, me dijo: "No te preocupes por eso ahora, ven a probar dos clases esta semana, y si te gusta, hablamos de la mensualidad".

Llegué a casa entusiasmada, contándole a mi mamá lo que había encontrado. No le pedí permiso. Solo le dije que no iba a desaprovechar las dos clases gratuitas. Ella dudaba porque pensaba que mi papá no estaría de acuerdo y además yo lloraba fácilmente cuando me doblaba los dedos jugando básquetbol, pero yo no veía obstáculos. Algunas tardes le ayudaba a mi mamá en un puesto, así que le dije que diría que iba ahí, cuando en realidad me iría directo a las clases.

Esa sensación de estar en mi elemento, eso era para mí. Pertenecía en ese lugar. Los niños me miraban con cierta duda al principio, como si creyeran que no iba a aguantar el entrenamiento o rendirme. Pero, para sorpresa de todos, fui una de las más disciplinadas. Tenía mucha elasticidad y podía dar patadas altas. El maestro empezó a llamarme "niña de chicle". Como parte del entrenamiento, el maestro Moya usaba una varita de bambú con la cual nos tomaba de sorpresa cuando nos ponía a brincar, la pasaba debajo de nuestros pies con lo cual nos forzaba a brincar, aunque me llamaba "niña de chicle" yo me sentía como una varita de bambú, flexible e inquebrantable.

Para pagar las clases, ayudaba a mi mamá en el puesto y, con lo que ella me daba, ahorraba para cubrir mi mensualidad de Tae Kwon Do. Mi papá se enteró tres meses después, cuando llegué a casa con el labio partido tras recibir una patada en combate. Nunca lloré por eso, ni sentí miedo. Me encantaba la estrategia, la agilidad, la fuerza que se requiere en las artes marciales. Tae Kwon Do se convirtió en una base fundamental de mi disciplina y fortaleza, algo que he aplicado toda mi vida.

Hubo un tiempo en que dejé de sentir esa chispa. Mi brújula se descompuso. Me encontré desorientada, moviéndome solo en automático. Entonces deseé reencontrar a esa niña y traerla de vuelta. Recordar esa versión de mí me llenaba de orgullo, aunque a la vez me causaba dolor físico, un pellizco en el corazón y un vacío en el estómago.

El cuerpo no miente. Puede aguantar por un tiempo, pero no para siempre. Y cuando has callado demasiado, cuando has soportado más de lo que deberías, cuando has vivido desconectada de ti, llega un momento en que el cuerpo habla por ti. Y no susurra. ¡Grita!

Te lo dice con insomnio. Con contracturas. Con fatiga inexplicable. Con ansiedad, caída del cabello, falta de aire, o simplemente con esa sensación constante de estar cargando una mochila invisible.

En mi caso, el primer grito vino dos años antes de mi cirugía. Fue sutil al principio: palpitaciones constantes. Mi corazón latía con fuerza sin razón aparente. Pensé que era algo físico. Me hice estudios, un electrocardiograma, análisis... todo salió bien. Pero el diagnóstico fue claro: Síndrome del corazón roto.

Sí, existe.

El médico me explicó que ocurre cuando el nivel de cortisol se mantiene elevado por un período prolongado. Es como si el cuerpo viviera una ruptura, incluso si nadie se hubiese ido.

Y yo lo entendí: mi cuerpo estaba sintiendo el dolor que yo no estaba nombrando. Las discusiones, los gritos, la tensión constante. Después de cada pelea mi corazón palpitaba como si corriera una maratón. No era miedo físico. Era ansiedad emocional.

Mi cuerpo reaccionaba cada vez que se levantaba la voz, cada vez que algo se rompía en la comunicación. Así respondía mi cuerpo. Con palpitaciones, con angustia, con un mensaje urgente.

Y yo lo ignoré.

Lo empujaba. Lo forzaba. Seguía produciendo, trabajando, resolviendo, cargando. Hasta que un día ya no pude más.

Mi cuerpo me obligó a parar. No fue opcional. Mis emociones se somatizaron en mi útero, las emociones se concentraron ahí y se hicieron presentes en forma de tumor. Los primeros indicios fueron constantes sangrados abundantes que desencadenaron en una anemia grave, lo cual me debilito mucho físicamente. Tuve que someterme a dos cirugías. La más importante resultó en una histerectomía total, y, por primera vez en años, no podía hacer nada. Ni moverme como quería. Ni trabajar como antes. ¡Ni correr a apagar fuegos!

Tuve la fortuna de contar con amistades, mis hijos, mi hermana Ale, que viajó dos veces para estar conmigo en cirugía, y mi mamá y mi hermana Dulce, apoyándome a la distancia. Contaba con la asistencia profesional de un buen médico, el apoyo emocional de un terapeuta, pero no pude evitar enfrentarme a lo que más temía...

Tuve que estar sola... conmigo.

Y ahí, en esa quietud forzada, me enfrenté a todo lo que había evitado sentir. Me di cuenta de que no era solo mi útero el que necesitaba sanar.

Era mi corazón, era mi energía, era mi alma que me pedía volver a mí.

Y aunque fue doloroso, fue también el inicio de mi regreso.

Esa cirugía me obligó a hacer lo que no sabía hacer: descansar, parar, decir "no", darme prioridad, recibir y no solo dar. Me hizo ver los límites que nunca había puesto, ni en la relación, ni en el trabajo, ni a mí misma. Porque frecuentemente solemos ser más duros con nosotros mismos, antes que decir NO, antes que poner un alto a otras personas.

Me di cuenta de que me costaba profundamente tomar tiempo para mí, que me preocupaba por todo lo que quedaba pendiente en el negocio, como si mi descanso fuera una irresponsabilidad.

Aprendí que siempre daba porque no sabía recibir, y no sabía recibir porque nunca supe pedir.

Había vivido mucho tiempo preocupándome por los demás. Yo siempre sentía que podía dar más. Más paciencia, más energía, más soluciones. ¡Hasta que mi cuerpo me dijo ¡basta! Y ese "basta" fue mi renacer.

Porque cuando el cuerpo dice "basta", no es traición, es protección. Es la última barrera entre ti y el olvido de ti misma. El cuerpo no busca castigarte. Busca rescatarte.

Preguntas para ti

Sabiendo que somatizas las emociones:
- ¿Qué síntomas has ignorado por mantenerte fuerte?
- ¿Qué partes de tu cuerpo te están pidiendo atención, descanso o amor?
- ¿Qué te está diciendo tu cuerpo que tu mente aún no se atreve a aceptar?

Acción RESET – "Alianza con mi cuerpo"

Hoy haz un pacto consciente con tu cuerpo. Dedica diez a veinte minutos al día solo para él. Apaga el teléfono, el ruido y las distracciones. Coloca tus manos sobre tu corazón o tu abdomen, respira profundo y pregúntale: **"¿Qué necesitas para que podamos volver a estar en equilibrio?"**. Escucha cada respuesta. Tal vez sea descanso, ejercicio, movimiento, alimento, límites o ternura.

Agéndalo en tu celular y comprométete a cumplir al menos una de esas necesidades hoy mismo. Termina agradeciéndole en voz alta por sostenerte incluso cuando lo has ignorado.

Afirmación

"Mi cuerpo es el guardián de mi energía. Al escucharlo y cuidarlo, honro mi esencia y expando mi felicidad".

CAPÍTULO 6
El poder de nombrar el patrón

Todo cambio verdadero comienza con una palabra: Reconocer. Nombrar lo que duele. Lo que se repite. Lo que te desgasta.

Ya sea que estés atravesando un estancamiento en tu relación de pareja, una insatisfacción profesional, un quiebre de salud o conflictos familiares, el primer paso para un RESET es identificarlo y ponerle nombre.

Cuando no lo nombras, lo normalizas. Y cuando lo normalizas, lo repites.

Así, esas huellas emocionales se graban en tu sistema nervioso y en tu inconsciente, creando patrones que, si no se rompen, se heredan a las siguientes generaciones.

Una de las experiencias más liberadoras que viví fue ponerle nombre a lo que me estaba pasando. No era un malentendido. No era "sensibilidad mía". Era un patrón emocional destructivo.

Era una dinámica en la que yo constantemente cedía, negociaba mis límites, justificaba comportamientos, absorbía responsabilidades que no me correspondían, y esperaba una recompensa emocional que nunca llegaba.

Y lo más fuerte: ese patrón no empezó con él. Tenía raíces más antiguas. Lo había aprendido antes. Quizás en mi infancia, en mis primeras relaciones, en mi manera de querer.

También vino incorporado culturalmente.

Nos enseñaron —a través de las historias de nuestras madres, tías o abuelas— que una mujer inteligente sabe cuándo callar. Que una mujer es quien sostiene la casa, quien pone equilibrio, quien aguanta. Nosotras somos las que debemos tener paciencia. Las que debemos "entender".

Yo creía que amar era **sostener**. Que ser fuerte era **aguantar**. Que ser leal era **no soltar**. Pero no es así. Ser fuerte también es saber irte. Ser leal también es serte fiel a ti. Amar no es cargar, **es compartir**.

Nombrar el patrón fue como prender la luz en una habitación en la que llevaba años a oscuras. De pronto vi todo:

- Las veces que me silencié para no incomodar.
- Las discusiones que me dejaban emocionalmente vacía.
- Las promesas que se repetían sin cumplirse.
- Mi esperanza depositada en alguien más que en mí.

Y lo más importante fue que vi quién era yo dentro de ese patrón. No desde la culpa, sino desde la consciencia. Vi a la mujer que había aprendido a amar de esa manera tóxica. Y también vi a la mujer que ya no quería seguir así. Porque cuando nombras el patrón, recuperas tu poder. Ya no estás en piloto automático. Ya no estás esperando que las circunstancias cambien. Ya sabes que el primer paso es tuyo.

Reflexión: Entre la sumisión y la sobreprotección

Nos enseñaron que ser una "buena mujer" es saber tolerar, callar, sostener. Que la paciencia es una virtud femenina. Que el hogar es nuestra responsabilidad. Y que amar es sinónimo de sacrificarse.

Y ahora vemos un nuevo despertar. Mujeres jóvenes que ya no toleran lo intolerable. Que no quieren repetir el dolor de sus madres o abuelas. Mujeres que son autosuficientes, independientes, poderosas. Mujeres que ya no aceptan gritos, indiferencia ni juegos emocionales.

Pero este nuevo despertar también trae su reto: el riesgo de refugiarse solo en la energía masculina. La que resuelve, protege, lidera, domina... Y que muchas veces se activa como mecanismo de defensa.

Porque cuando no quieres que te hieran, te blindas. Y cuando te blindas, es más difícil abrir el corazón.

Entonces ocurre algo silencioso: Comienzas a vivir relaciones breves, desconectadas, exploratorias. Y terminas creyendo que es mejor estar sola que mal acompañada, aunque en el fondo, sigues deseando una conexión verdadera.

La solución no está en regresar a la sumisión. Pero tampoco en convertirnos en guerreras cerradas al amor. El verdadero poder femenino es saber poner límites sin perder la ternura. Es reconocer que puedes sola, pero que no quieres hacerlo todo por ti misma. Es sanar tu herida, sin endurecer tu alma. Nombrar el patrón no es solo para salir de lo viejo. Es para abrirle paso a lo nuevo. A un amor consciente, donde tú también importas. Donde no tienes que probar tu valor. Y donde no cargas, compartes.

Nombrar el patrón no solo aplica a relaciones de pareja desgastadas. También existen otros patrones, igual de poderosos, que nos mantienen estancados y que necesitan un RESET. Aunque les advierto que estos hábitos a veces están tan normalizados que ni los vemos, pero sus efectos son igual de desgastantes.

En el área laboral

Permanecer en un trabajo donde no desarrollas tu talento, donde tus ideas no son valoradas o ni siquiera tomadas en cuenta, es una forma silenciosa de desgaste. Muchas veces nos quedamos por miedo a la incertidumbre o por el "mejor malo conocido que bueno por conocer", pero pagar con tu creatividad y tu energía es un precio demasiado alto. Peor aun cuando el ambiente está contaminado con crítica constante, chismes, favoritismos o conflictos que drenan tu motivación. Un lugar así no solo limita tu crecimiento profesional, también mina tu autoestima, porque terminas dudando de tu propio valor y adaptándote a una dinámica que te apaga poco a poco.

En la economía personal

Repetir conductas de gasto impulsivo, endeudarse constantemente para "mantener el estilo de vida" o depender siempre de la ayuda económica de otros, en lugar de construir estabilidad financiera propia. También aquí se puede reflejar la falta de constancia u organización para mantener un empleo o un plan de negocios, si eres empresario, ya que repetir los mismos hábitos financieros te seguirán dando los mismos resultados.

En la salud

Ignorar síntomas, posponer chequeos médicos, mantener hábitos poco saludables, o automedicarse para seguir produciendo sin atender la causa real. Si este es el patrón que te causa estancamiento, ¿qué cambio vas a iniciar ahora?

En los vicios

Recurrir al alcohol, la comida (en exceso o falta), las redes sociales, el trabajo sin descanso u otras distracciones como vía de escape para no enfrentar emociones incómodas.

En las familias disfuncionales:

Perpetuar dinámicas de control, chantaje emocional o roles impuestos (la que cuida a todos, el que resuelve todo) sin cuestionar si eso te está drenando física y emocionalmente.

El patrón puede estar en cualquier área de tu vida. Lo importante es identificarlo, porque mientras no lo nombres lo seguirás repitiendo.

Preguntas para ti

- ¿Qué patrón emocional reconoces en tus relaciones?
- ¿A quién se parece esta dinámica que estás repitiendo?

- ¿Qué frases o creencias heredadas has usado para justificar lo injustificable?
- ¿Qué parte de ti estás dispuesta a recuperar a partir de ahora?

Acción RESET

Haz una lista honesta de los patrones que has detectado en tus relaciones (románticas, laborales, familiares). Escríbelos sin juicio. Solo obsérvalos. Luego subraya el que más te ha dolido y escribe junto a él: *"Hoy empiezo a cambiar esto"*.

Afirmación

"Reconocer el patrón es mi primer paso para romperlo. Porque cuando sé lo que me drena, lo que repito y lo que me limita, dejo de vivir en automático y comienzo a vivir con intención".

CAPÍTULO 7
Límites como protección, no como castigo

Durante mucho tiempo creí que poner límites era ser grosera. Que decir "no" era rechazar. Que alejarme era herir. Pero aprendí —después de tanto dar, de tanto callar, de tanto esperarme al final de la lista— que poner límites no es castigar a nadie, es protegerme a mí.

Un límite no es una muralla, es una línea clara que le dice al otro: "Aquí termina tu comportamiento y empieza mi dignidad".

Cuando estás en una relación donde tus emociones no se validan, donde tus palabras se interpretan como quejas, donde tu energía se consume en resolver lo que el otro no quiere ver, te das cuenta de que los límites no son una opción sino una necesidad.

Desde pequeños nos enseñan que debemos permitir que otros adultos nos den un beso en la mejilla o que debemos devolver un saludo, incluso cuando sentimos incomodidad. No se nos habla del derecho a nuestro propio espacio personal. Nos dicen que no debemos ser "groseros", pero pocas veces nos enseñan que los niños también merecen que se respete su consentimiento y su instinto.

Los niños son genuinos. Ellos saben cuándo abrirse con cariño y confianza hacia alguien que realmente les transmite amor y seguridad. Forzarlos a interactuar rompe esa conexión natural con su intuición, que es una de sus mayores herramientas para reconocer lo que es sano y lo que no. Enseñarles a poner límites desde pequeños no es condicionarles a ser irrespetuosos, es mostrarles cómo respetarse a sí mismos.

Este es un ejemplo de cómo desde pequeños la cultura nos condiciona a ceder nuestros límites.

Con esta educación, es particularmente difícil para la mujer poner límites. Y es que a muchas nos enseñaron que ser buena es ser complaciente. Que el amor se mide en cuánta paciencia tienes. Que decir "no puedo", "no quiero" o "no es mi responsabilidad" es sinónimo de egoísmo.

Y eso no es verdad. Una mujer que se respeta pone límites. Una mujer que se ama se elige, aunque eso signifique perder a alguien.

Yo aprendí a poner límites después de romperme. Y en ese proceso descubrí que:

- No tengo que justificarme por cada decisión.
- No necesito gritar para ser firme.
- No tengo que pedir permiso para descansar.
- No tengo que quedarme en lo que me duele para probar que soy fuerte.

Aprendí a no responder llamadas cuando estoy cansada. A no abrir mensajes que alteran mi paz. A no involucrarme emocionalmente con quien no está dispuesto a caminar conmigo. Y cuando me escogí, algo hermoso ocurrió. Mi energía empezó a regresar. Volví a ser yo. Pero todo esto lo aprendí sola. Porque nadie me mostró cómo poner límites.

En mi familia no se hablaba de eso. No se hablaba de empoderamiento femenino. Tampoco de amor propio. Esos eran conceptos que ni siquiera existían en nuestras conversaciones. Nos enseñaban a aguantar, a ceder, a quedarnos. Y aunque vengo de una generación donde "lo que se rompe no se tira, se repara", también he aprendido que no todo lo que se rompe puede o debe reconstruirse.

Sí, hay que trabajar en las relaciones. Sí, el amor requiere compromiso. Pero también hay que saber cuándo es tiempo de retirarse. Cuando el precio es demasiado alto. Cuando lo que estás perdiendo es tu propia voz.

Hoy tengo una hija de dieciséis años. Y mi mayor deseo es que me escuche hablar de esto. Que sepa que existen límites. Que sepa que no tiene que esperar a que todo se haga añicos para tomar una decisión. Que pueda identificar patrones tóxicos desde el principio. Que si un día su corazón se siente confundido, que sepa que no está sola. Que sepa que su valor no depende de nadie. Que tiene derecho a decir "no" sin dar explicaciones. Que puede construir una vida donde ser mujer no sea sinónimo de sacrificio silencioso.

Este es mi legado. Esta es mi reparación. Esta soy yo, aprendiendo lo que nunca me mostraron, para que ella nunca tenga que olvidarse de quién es para amar a alguien más.

Preguntas para ti
- ¿Qué comportamientos has permitido por miedo a perder algo o a alguien?
- ¿Qué límites necesitas comenzar a poner?

- ¿Qué parte de ti se siente culpable por elegirte?
- ¿Qué le dirías hoy a la niña que fuiste sobre lo que es amor y lo que no?

Acción RESET

Elige una situación actual donde te sientes agotada emocionalmente. Escribe en una hoja tres cosas que ya no estás dispuesta a tolerar. Y escribe, como mantra: **"Poner límites no me hace mala. Me hace libre"**.

Afirmación

"Cada límite que pongo honra mi alma, protege mi energía y me mantiene conectada con mi paz interior".

CAPÍTULO 8
Elegirme sin permiso

Una de las cosas más difíciles para una mujer que ha vivido demasiado tiempo complaciendo es elegirse sin pedir permiso. Porque estamos acostumbradas a pensar primero en los demás. En cómo se sentirán, en qué pensarán, en si se enojarán o se irán.

Y en ese cálculo eterno de consecuencias, vas quedando tú siempre de última. Siempre al final de la lista. Siempre postergada. Elegirte no es un acto egoísta, es un acto de memoria. Es recordarte a ti misma que tú también mereces cuidado, que tu vida no está hecha solo para sostener a otros.

Aunque por supuesto que al principio duele, porque elegirte puede significar poner distancia. Decir "no más". Cerrar una puerta, renunciar a una fantasía. Y el corazón, que tanto soñó, se resiste. Te cuestionas, te juzgas, te repites: "¿Y si exagero?", "¿Y si cambio yo primero?", "¿Y si todavía hay esperanza?". Hasta que un día el dolor ya no cabe en tu cuerpo. Y en lugar de explotar hacia afuera, decides regresar a ti. No para vengarte, no para demostrarle nada a nadie, Sino para volver a casa.

¿Qué significa elegirse?

Es dar prioridad a tu bienestar sin sentir culpa. Es escogerte a ti primero cuando una circunstancia, persona o ambiente no te conviene, aunque eso implique decepcionar expectativas ajenas.

Elegirse es:
- Tomarte tiempo para ti misma, aunque el mundo siga corriendo.

- Comenzar una afición que siempre has querido probar.
- Volver al ejercicio para sentirte fuerte y viva.
- Salir con amigas que te nutren y te hacen reír hasta que duela el estómago.
- Ver la película que llevas años queriendo ver sin esperar compañía.
- Hacerte un facial o un masaje sin justificarlo como "premio" por trabajar duro.
- Viajar sola, aunque sea un fin de semana, para reconectar con tu esencia.
- Decir "no" cuando algo no se alinea con tus valores o tu paz.

No se trata de huir de las responsabilidades, sino de recordar que tu vida también es tuya.

Y ahí, en ese acto íntimo, silencioso y poderoso, te eliges, sin permiso, sin culpa, sin explicaciones. Te eliges con dignidad, te eliges sabiendo que quien no pueda amarte con respeto, no puede quedarse, y que quien se ofenda por tus límites, es porque se beneficiaba de tu falta de ellos.

Elegirte no es dejar de amar a los demás, es amar desde la plenitud, no desde el sacrificio. Es entender que tú eres la raíz y si tú te marchitas, nada florece.

Preguntas para ti

- ¿En qué momentos te has negado a ti misma para que otros se sintieran cómodos?
- ¿Qué decisiones estás lista para tomar por ti, aunque a otros no les gusten?
- ¿Qué permiso necesitas dejar de pedir para comenzar a vivir en paz?

Acción RESET

Escribe una carta de elección, comienza con las palabras: **"Hoy me elijo a mí porque…"**. Déjala fluir. No edites. Y guárdala como tu nueva promesa.

Afirmación

"Elegirme no significa dejar de amar a los demás ni ser egoísta; significa respetar mi derecho a cuidarme y florecer desde mi raíz".

CAPÍTULO 9
El día que volví a mí

No hubo fuegos artificiales. Tampoco un anuncio celestial. No hubo un mensaje de texto que me despertara ni un cambio drástico del otro lado.

Simplemente... un día volví a mí.

El día que volví a mí fue en mi momento más vulnerable. Vivía una crisis de pareja. Ya estábamos separados, pero seguíamos trabajando juntos. Nuestra comunicación venía cargada de hostilidad. Me estaba recuperando de una cirugía mayor. No tenía fuerzas, no tenía energía. Nunca me había sentido tan limitada.

No podía levantar nada que pesara más de cinco libras. No debía manejar. No podía realizar ninguna actividad extenuante. El solo hecho de caminar de mi habitación a la cocina me dejaba sin aire y con una presión en el pecho. Y aunque intentaba sonreír y mantenerme positiva, el dolor me doblegaba. Era mi momento de reposar. El problema era que yo no estaba acostumbrada a eso. Ahora era yo quien dependía de otros; y aunque mi mente se resistía, mi cuerpo no me daba para más.

En esa pasividad forzada, mi mente no tuvo escapatoria: tuve que enfrentar la realidad. Comencé una profunda introspección para discernir las lecciones que esta situación me estaba regalando.

Dicen que "para atrás, ni para coger impulso". Pero yo sí necesité mirar atrás: a mis conductas, mis reacciones, mis patrones. Y ahí me reencontré con esa versión adolescente de mí misma. Aquella que era genuina, creativa, soñadora, carismática, imparable. Con sus errores, sí, pero también con sus lecciones.

Vi lo valiente que había sido. Lo chingona que fui. La abracé. Le pedí que regresara. Y, de pronto, mis problemas actuales se hicieron pequeños comparados con todo lo logrado y con lo que sé que aún soy capaz de alcanzar.

Ese fue el momento en el que dejé de juzgarme con tanta dureza. Me perdoné por exigirme demasiado, por no permitirme desacelerar. Entendí la importancia de los procesos y la belleza de las lecciones que trae el dolor.

Comprendí que las personas que nos hieren no llegan por casualidad: son maestros incómodos que nos muestran lo que necesitamos aprender, superar o recordar quienes somos.

A veces nos perdemos porque creemos que el dolor es malo. Pero el sufrimiento también es una elección. Nada es "malo" si lo miras como aprendizaje. Ese día volví a mí. Pero volví distinta: con más compasión, más paciencia, más cuidado. Volví entera.

Ese día volví a mí. Y no necesité que nadie lo entendiera. Ni que él cambiara. Ni que todo se acomodara mágicamente. Solo me abracé. Me escuché. Me creí. Me miré al espejo y me vi cansada, sí, pero también más libre que nunca. Volví a mí en los pequeños actos. Al apagar el teléfono sin culpa. Al poner música que me hacía bien. Al volver a escribir, a leer, a respirar profundo y sin miedo a que alguien me interrumpiera.

Volví a mí cuando recordé lo que me gustaba antes de perderme en alguien más. Cuando dejé de preguntarme si yo era suficiente y empecé a preguntarme si *esto* era suficiente para mí.

Y la respuesta fue clara: No.

Porque merezco más. No por arrogancia, sino porque estoy hecha de amor. Y el amor no duele así. El amor no castiga. El amor no silencia. El amor no hace que te olvides de ti. Ese día, sin drama, sin despedida, sin escándalos, empecé a regresar. Y cada paso de regreso a mí ha sido la sanación más profunda de todas.

Preguntas para ti
- ¿Recuerdas un momento en que empezaste a volver a ti?
- ¿Cómo se sintió o crees que se sentiría volver a tu espacio, a tu energía, a tu verdad?
- ¿Qué pequeñas decisiones podrían marcar hoy ese regreso?

Acción RESET

Haz una lista de cinco cosas que amabas hacer antes de esa etapa que te apagó. Recupéralas. Una por una. Con el tiempo que necesites, con el alma que has sanado. Bienvenida de vuelta.

Afirmación

"Hoy vuelvo a mí, vuelvo a la mujer que siempre estuvo ahí esperando que la recordara, y sé que nunca más volveré a abandonarme".

CAPÍTULO 10
El renacimiento no es mágico, es intencional

Muchas personas creen que sanar es despertar un día distinta. Como si algo externo te transformara de la noche a la mañana. Como si el dolor, de repente, decidiera soltarte sin cobrarse nada. Pero no, el renacimiento no es mágico, es intencional.

Sanar no es lineal. A veces te crees fuerte y al día siguiente vuelves a llorar. Un mensaje te descoloca. Un recuerdo te tambalea. Una canción te quiebra. Pero en medio de todo eso, hay una fuerza que ya no es la misma. Ahora sabes. Ahora te observas. Ahora decides. Y ese "ahora" lo cambia todo.

Tu renacimiento no vendrá con aplausos. Vendrá con decisiones silenciosas:

- Apagar el celular antes de dormir.
- No responder a lo que sabes que te hace daño.
- Irte de un lugar donde no se valora tu paz.
- Elegir rodearte de personas que suman, no que drenan.
- Elegir proyectos que te emocionan, no que te desgastan.
- Volver a tu cuerpo. A tu alimento. A tu descanso. A tu arte.

Tu renacimiento será el resultado de miles de elecciones pequeñas hechas con amor propio. Hechas por ti. Para ti. Y sí, duele dejar lo que un día soñaste. Pero duele más quedarte en una vida que ya no te pertenece.

Renacer no ocurre así, facilito, como si nada, sino por decisión y acción consciente. Identificar lo que nos estanca es el primer paso hacia el cambio. Renacer implica trabajo. Es diseñar un plan que nos mantenga enfocados, romper patrones y abandonar malos hábitos. Esto puede resultar intimidante porque, por naturaleza, el ser humano prefiere lo conocido, incluso cuando trae consigo momentos difíciles. La familiaridad se siente predecible, mientras que el cambio abre la puerta a la incertidumbre. Habrá días en los que todo fluya y estemos en sintonía con lo nuevo, pero también llegarán momentos de reto que despierten temor, estrés o ansiedad ante la falta de certeza.

Es ahí donde debemos concentrar nuestra energía, en crear prácticas y nuevas rutinas que nos acerquen a nuestro propósito y sostengan nuestra intención, especialmente cuando el entorno no cambia. Hay quienes no pueden desligarse de una familia tóxica (porque así se vayan tienen que regresar de vez en cuando), dejar un empleo que no los valora (porque tienen necesidades económicas que vienen primero), o salir de una relación donde reina la indiferencia (por dependencia o hijos). A veces atravesamos procesos de recuperación de salud que no podemos acelerar, pero sí podemos elegir cómo transitar ese camino. El cambio empieza contigo, con la forma en que percibes lo que te rodea. Tú decides qué batallas pelear y cuáles ignorar para proteger tu paz.

Ojalá que despertar y transformar nuestra vida fuera tan sencillo como alejarnos de lo que nos lastima, pero muchas veces no es posible. La verdadera valentía e inteligencia están en aprender a enfrentar esas situaciones, como quien permanece cerca del fuego sin quemarse. La diferencia es que ahora eres consciente e intencional.

Así que no esperes a sentirte lista. Empieza mientras tiemblas, mientras sanas, mientras lloras y avanzas al mismo tiempo. Tu nueva vida no llegará con un milagro, llegará con intención, con límites, con acciones. con fe, fe en ti, fe en lo que viene, fe en que volver a empezar también es una forma de nacer.

Preguntas para ti
- ¿Qué decisiones pequeñas puedes tomar hoy que sumen a tu sanación?
- ¿Qué parte de ti necesita más atención, más cuidado, más amor?
- ¿A quién o qué necesitas soltar para poder abrir espacio a tu renacimiento?

Acción RESET

Haz una lista de tus nuevos no negociables. Escríbelos como si fueran tu constitución personal. Pégalos en un lugar visible. Vuelve a ellos cada vez que dudes.

Afirmación

"Renacer no es solo descubrir lo que me hirió y reinventarme. Es comprometerme a tomar cada día acciones que pulan y fortalezcan mi mejor versión".

CAPÍTULO 11
Cuidarme como acto espiritual

Durante años confundí el autocuidado con un premio. Algo que "me ganaba" si lograba hacerlo todo, si nadie estaba molesto, si había cumplido con todas mis tareas. Entonces, cuando necesitaba tomar una siesta entre semana, alejarme unas horas del trabajo para arreglar algo personal, o simplemente descansar, sentía culpa por perder el tiempo.

Todo porque había aprendido que cuidarme era egoísta. Que descansar era flojera. Que decir "no puedo con todo" era fallar. Hasta que un día entendí que cuidarme no es un lujo. Es un acto espiritual.

Es recordarme que tengo un cuerpo que me sostiene. Un alma que siente. Una energía que necesita ser protegida. Cuidarme es elegirme, no solo cuando ya estoy rota, sino todos los días. Es hablarme con amor. Es descansar sin justificarme. Es darme lo que nunca me dieron. Es observar cómo me hablo, qué permito, qué dejo entrar a mi casa y a mi mente.

Cuidarme es también decir "no" cuando sé que me hace daño decir "sí". Es tener conversaciones incómodas por respeto a mi paz. Es no quedarme donde me minimizan. Es apagar el teléfono y encender una vela.

Es hacerme preguntas como:

- ¿Qué necesito hoy realmente?
- ¿Qué emoción estoy ignorando?
- ¿A qué le estoy diciendo que sí por miedo a quedarme sola?

Cuidarme no es solo alimentarme bien o mover el cuerpo. Es también honrar mis límites. Elegir mis batallas. Y, sobre todo, no descuidarme por cuidar a otros. Porque aprendí que cuando no me cuido, me abandono. Y cuando me abandono, ya no soy yo, soy una versión funcional de mí misma, útil para otros, pero vacía por dentro.

Hoy, después de la tormenta, me doy baños lentos como rituales de agradecimiento. Respiro profundo como oración. Camino en silencio como acto de escucha interior. Pido ayuda sin vergüenza. Y descanso sin pedir permiso. Hoy, cuidarme es sagrado. Es revolucionario. Es espiritual.

El cuidado no es solo físico, también es espiritual. Cuando atravesamos batallas que nos desgastan emocionalmente, el cuerpo queda exhausto, y ahí descubrí que la batalla se libra en un plano más profundo: el espiritual.

En esos momentos de vulnerabilidad busqué salidas rápidas, prácticas que prometían respuestas inmediatas: los mensajes de ángeles a través del tarot, limpias espirituales, oráculos, balance de chacras y otras corrientes de la llamada "nueva era". Reconozco que, más que un trabajo espiritual consciente, muchas de estas experiencias me ofrecían la ilusión de que alguien más podía darme lo que yo necesitaba sin que yo hiciera un esfuerzo real de transformación. Debo confesar que, en el fondo, buscaba escuchar lo que quería oír. El resultado era siempre el mismo: una nube mental y una sensación de vacío.

Recordé entonces que yo fui criada en la fe cristiana. Específicamente, en la religión católica. Años atrás había estudiado metafísica, formé parte de la gnosis y tomé talleres de oración basados en meditaciones bíblicas. En esos espacios sentí una conexión genuina con el Creador. Sin embargo, en la prisa por obtener alivio y respuestas inmediatas, había dejado de lado lo más valioso: la disciplina de cultivar mi fe, la paciencia de orar, la confianza de caminar con Dios incluso en medio del dolor físico o emocional.

Hoy entiendo que el verdadero cuidado espiritual no se trata de atajos ni de ritos que alguien más realiza por ti. Se trata de asumir la responsabilidad de tu alma, de crear una relación viva con tu fe, y de reconocer que la sanación auténtica requiere tiempo, entrega y consciencia.

Tenía poco más de un mes de mi cirugía cuando, de repente, algo extraño comenzó a suceder. Primero observé pequeños bichitos en el baño, después aparecieron en el cuarto de mi hijo, y finalmente en el mío. Yo no tengo mascotas, así que nunca imaginé lo que estaba por enfrentar. Los especialistas en fumigación confirmaron lo impensable: una infestación de pulgas.

Aquella noche fue surreal. La casa, a la que hacía apenas unos meses nos habíamos mudado, en un vecindario aparentemente tranquilo, se transformó en un lugar con una energía pesada, sofocante. No solo eran las pulgas. Comenzaron a volar moscas grandes que, al caer muertas, dejaban escapar larvas vivas de sus vientres. Sentí que estaba atrapada en una escena de película de horror. No pudimos dormir, las pulgas ya habían invadido las camas y hasta caminar por la casa me daba miedo.

Al día siguiente, mis dos hijos y yo salimos con nada más que una bolsa con ropa recién lavada rumbo a un hotel. Las inspecciones posteriores confirmaron lo que ya intuía, la casa no estaba en condiciones de ser habitada. El dueño terminó liberándome del contrato.

Sentí que apenas estaba recuperándome de un golpe cuando la vida me colocaba frente a otro reto aún más inesperado. Ese fue mi verdadero toque de fondo. Y en ese momento comprendí que ya no quería buscar consuelo en cartas de tarot, en lecturas rápidas o en oráculos que me dijeran lo que quería escuchar.

Me refugié en la fe verdadera. Entendí que la espiritualidad no es un escape mágico ni una promesa de que no habrá dificultades. Es una herramienta viva, un refugio real que nos fortalece para atravesar las pruebas de la vida. Porque así es la vida: dura, impredecible, y nadie está exento.

Hoy puedo decir que no me considero una persona religiosa, pero sí una fiel creyente en la comunicación directa con Dios, el Creador. He aprendido a cultivar esta relación no desde los atajos, sino a través del trabajo personal, el estudio, la meditación y la práctica diaria hacia mí misma y hacia mi entorno. La fe, entendida como una fuerza viva, es lo que me ha sostenido en medio de pruebas que parecían imposibles.

Preguntas para ti

- ¿Qué creencias tienes sobre el descanso y el autocuidado que ya no te sirven?
- ¿Cuáles son tus formas favoritas (aunque simples) de honrarte cada día?
- ¿Qué herramienta espiritual basada en tu fe has dejado de practicar?
- Y si creciste sin fe, sin conocer a Dios o sin creer en ninguna religión, ¿estarías dispuesto a abrir tu corazón a la posibilidad de buscarlo y descubrir qué significa para ti?

Acción RESET

Elige un momento del día para hacer un ritual sencillo de cuidado consciente que una tu cuerpo y tu fe:

1. Respira profundamente tres veces, agradeciendo por el cuerpo que te sostiene.
2. Haz un pequeño acto físico de cuidado. Puede ser estirarte, caminar, hidratarte, preparar un alimento sano o simplemente descansar. Hazlo con la intención de honrar tu cuerpo como templo.
3. Mientras lo haces, si crees en Dios, usa ese tiempo para hablarle directamente, sin fórmulas ni reglas, solo desde el corazón.
4. Si no practicas ninguna religión, dedica ese espacio para preguntarte en qué fuerza, principio o verdad puedes apoyarte para encontrar sentido y fortaleza.
5. Escribe en una libreta una frase de fe o esperanza que resuene contigo y

repítela en voz alta cada mañana como recordatorio de que no caminas solo(a).

Afirmación

"Hoy elijo fortalecer mi espíritu. No necesito todas las respuestas, solo la certeza de que la vida me sostiene".

CAPÍTULO 12
Mi cuerpo, mi templo, mi verdad

Durante años, mi cuerpo fue el último en la lista. Lo usé como herramienta para rendir, para cargar, para aguantar. Me olvidé de él en el afán de sostener todo lo demás.

Me repetía una y otra vez que no podía darme el lujo de enfermarme. Así que seguía. Aunque estuviera cansada, aunque me doliera, aunque mi cuerpo gritara, yo lo callaba. Continuaba forzándome, incluso cuando estaba enferma.

Le exigí que no se enfermara. Le exigí que no se cansara. Le exigí que funcionara, aunque yo estuviera rota por dentro. Y él me obedeció. Hasta que no pudo más.

Primero fueron las palpitaciones. Luego la ansiedad. Después vinieron los dolores, el sangrado prolongado, la anemia, la cirugía. Mi cuerpo habló. Pero yo tardé en escucharlo.

Lo más doloroso fue recordar que yo siempre fui una mujer activa, física y mentalmente. Mi curiosidad me impulsaba a probar diferentes actividades sin detenerme en los obstáculos. Participé en carreras de 5k y 10k a beneficio de organizaciones como el HAWC (Houston Area Women's Center), que ofrece refugio a mujeres víctimas de violencia; el Turkey Trot, que recauda alimentos para familias de bajos recursos durante el Día de Acción de Gracias; y carreras para la concientización del cáncer.

Aunque nadie quisiera acompañarme, yo llegaba sola y temprano, pedía a desconocidos que me tomaran fotos, socializaba y disfrutaba intensamente tanto de mi preparación previa como de la experiencia misma del evento. En aquella etapa, cualquier plan que cruzaba por mi mente lo llevaba a cabo sin pedir aprobación ni esperar compañía. Simplemente lo hacía, confiando en mí, con la certeza de que mi vida se construía paso a paso, carrera tras carrera, decisión tras decisión.

Incluso después de ser madre, encontraba momentos para mí, donde mi cuerpo y mi alma se alineaban en movimiento. Mientras criaba a mis hijos, mientras era ama de casa, mi hora de ejercicio era sagrada. Y luego...todo cambio. Me divorcié. Me convertí en la cabeza del hogar. Con el tiempo entré en una nueva relación. Abrí mi negocio. Y ahí, sin darme cuenta, me fui perdiendo.

El cuerpo que un día fue mi prioridad pasó a ser una carga secundaria. El gimnasio se convirtió en un lujo. Y cada día que no entrenaba, algo en mí se apagaba. Mi cuerpo me pedía volver, pero yo estaba demasiado ocupada salvando todo, menos a mí misma.

Hasta que llegó el límite. Hasta que ya no pude ignorar las señales. Hasta que mi cuerpo me puso un alto y me dijo: "O vuelves a ti, o te apagas del todo".

Con el tiempo entendí que las enfermedades no aparecen de la nada: son emociones somatizadas, mensajes que el alma envía a través del cuerpo. Y yo había acumulado años de exigencia, de silencios, de cargas.

Hoy, después de tanto, me reconcilio con él. Ya no lo juzgo por cómo luce. Ya no lo castigo por no rendir como antes. Hoy, lo abrazo. Le doy descanso, alimento real, movimiento. Le agradezco por sostenerme aun cuando yo lo descuidé. Le hablo con ternura. Le pido perdón. Y le prometo que no volveré a abandonarlo. Porque él es mi templo. Mi radar emocional. Mi frontera energética. Mi verdad.

Y si quiero una vida en paz, no puedo seguir en guerra con mi cuerpo. Hoy lo escucho. Hoy lo habito con conciencia. Hoy lo honro.

Reflexión sobre las enfermedades y sus raíces emocionales

Nota importante. Lo que leerás a continuación son interpretaciones simbólicas que diferentes corrientes de sanación (biodescodificación, psicosomática, metafísica de la salud) proponen sobre la relación entre cuerpo y emociones. **No constituyen diagnósticos médicos ni sustituyen la atención profesional.** Si tienes alguna condición física, consulta siempre con tu médico.

Este anexo se ofrece únicamente como una guía de reflexión personal para reconectar con el cuerpo como templo y radar emocional.

Ejemplos de somatización emocional

Enfermedades del útero, tales como miomas, quistes, endometriosis, sangrados prolongados
- Relacionadas con emociones profundas ligadas a la feminidad, la maternidad y la creatividad.
- Pueden simbolizar dolor guardado por experiencias de pareja, maternidad frustrada o heridas en la relación con la energía femenina.
- El útero es también un centro creador; cuando las emociones no se expresan, pueden transformarse en bloqueos físicos.
- Expresan dificultad para "gestar" o dar vida a proyectos propios, así como conflictos con el linaje femenino (madre, abuelas, ancestros).

Dolores de cabeza / migrañas
- Exceso de presión mental.
- Autoexigencia y necesidad de control.

- Dificultad para soltar pensamientos repetitivos.

Problemas digestivos, tales como gastritis, colitis, estreñimiento
- Incapacidad de "digerir" experiencias.
- Emociones reprimidas o no expresadas.
- Estrés que afecta el sistema nervioso entérico.

Dolores de espalda
- Parte alta: cargas emocionales, exceso de responsabilidades.
- Parte baja: miedo a la inseguridad económica, sensación de falta de apoyo.

Problemas en la piel, tales como acné, psoriasis, eccema
- Sensación de vulnerabilidad.
- Miedo al rechazo.
- Necesidad inconsciente de protección o de poner una "barrera".

Anemia
- Falta de alegría vital.
- Sentimientos de desvalorización o desánimo profundo.
- Cansancio del alma que se refleja en la sangre.

Problemas cardíacos
- Falta de gozo o alegría en la vida.
- Bloqueo en dar o recibir amor.
- Estrés crónico acumulado.

Problemas respiratorios, tales como asma, falta de aire
- Miedo a "tomar espacio" en la vida.
- Angustia por no poder expresarse.
- Sensación de opresión.

Dolores articulares
- Rigidez emocional o mental.
- Dificultad para adaptarse a cambios.

- Falta de flexibilidad en decisiones o relaciones.

Depresión
- Sentimiento de vacío, pérdida de sentido o propósito.
- Carga de tristeza no expresada o duelos no resueltos.
- Autocrítica excesiva y desvalorización personal.
- Falta de conexión con la propia alegría vital.

Ansiedad
- Miedo al futuro o a lo desconocido.
- Sensación de no tener control.
- Acumulación de estrés y pensamientos repetitivos.
- Desconfianza en la vida y dificultad para permanecer en el presente.

Obesidad / Sobrepeso
• Necesidad de protección emocional, crear una "coraza" contra el dolor.
• Carencias afectivas de la infancia. En particular, conflictos con la figura materna o sensación de abandono.
• Comer como sustituto del afecto o para llenar vacíos emocionales.
• Miedo a ser herido o desvalorizado.
• Autocastigo y culpa acumulada.

Cáncer
• Dolor profundo no expresado, resentimientos guardados por años.
• Emociones intensas como rabia, rencor, envidia contenida.
• Dificultad para soltar heridas, traiciones o pérdidas.
• Sentimiento de falta de propósito o de desconexión con la misión de vida.
• Vivir en guerra interna hasta que el cuerpo manifiesta el conflicto.

Reflexión final

El cuerpo no miente: habla el lenguaje de las emociones. Escuchar sus señales, honrar sus límites y liberar lo que cargamos dentro es un camino hacia la sanación integral. El primer paso no siempre es cambiar el mundo afuera, sino reconciliarnos con lo que sentimos por dentro.

Preguntas para ti:
- ¿Qué señales te ha dado tu cuerpo que tal vez has ignorado?
- ¿Has pensado que algunas dolencias podrían ser la forma en que tu cuerpo expresa emociones no resueltas?
- ¿Qué parte de ti amabas cuando cuidabas de tu cuerpo como un templo?
- ¿Cómo puedes reconectar con tu energía vital de forma amorosa?
- ¿Qué emoción pendiente podrías liberar para dar un respiro a tu cuerpo?
- Y si nunca has hecho ejercicio… ¿Crees que nunca es tarde para empezar?

Acción RESET

Haz un compromiso con tu cuerpo, no desde la exigencia, sino desde la escucha.

Toma una libreta y escribe:

1. Cinco síntomas, dolores o enfermedades que hayas tenido (recientes o pasados).
2. Qué emociones podrías relacionar con cada uno de ellos (miedo, enojo, tristeza, abandono, etc.).
3. Qué puedes hacer para honrar esa emoción y liberar a tu cuerpo de la carga (hablarlo, llorar, descansar, pedir ayuda, perdonar, reconectar contigo).

Después, mírate al espejo y repite en voz alta: "Yo merezco escuchar, honrar y sanar mi cuerpo. Él es mi templo y mi verdad".

Afirmación:

"Honro mi cuerpo, sus huellas cuentan mi historia, hoy lo libero de las emociones del pasado que ya no me sirven y lo celebro como el reflejo vivo de mi resiliencia".

CAPÍTULO 13
Lo que aprendí de mi RESET

Los obstáculos siempre estarán presentes en nuestra vida. No es la primera vez que enfrento retos, pero esta etapa fue distinta pues involucró cada aspecto de mí en lo emocional, lo físico y lo espiritual. Aun así, lo aprendido me ha ayudado a reconstruirme.

Aprendí a reconocerme dentro de una relación, a identificar mis heridas de infancia, esos comportamientos de defensa y de aprehensión creados durante relaciones anteriores. Aprendí a escuchar mi cuerpo, a entender que, aunque el tiempo pasa y ya no tengo la vitalidad de hace veinte años, todavía soy capaz de mantenerlo con energía y dignidad. Comprendí que Dios nos pide cuidar nuestro cuerpo porque es su templo, y que no se trata de cuidarlo desde el miedo a envejecer o desde el ego, sino desde el reconocimiento de que cada huella que deja el tiempo es también un signo de sabiduría.

Aprendí también el arte de dar y recibir. Dar es un honor, porque significa que se tiene la gracia de poseer algo para compartir. Aunque recibir es igual de sagrado ya que se trata de brindarle a la otra persona la oportunidad de abrir la puerta a más abundancia. Hoy, cuando alguien me ofrece algo con cariño, lo recibo con gratitud y elevo una oración en silencio para que se le multiplique lo que me da, con la misma intención con la que lo entrega.

Todavía me cuesta pedir, pero sigo trabajando en ello. Pido solo a quienes me inspiran confianza, y no exijo más de lo que siento que esa persona puede dar: un favor, una opinión, un consejo, alguna ayuda en lo cotidiano, o una oportunidad de negocio. Pido, pero no demando. A quien más pido es a Dios. A Él le ruego me otorgue sabiduría, discernimiento, fe y fortaleza. Siento que lo material puedo lograrlo si poseo esas herramientas.

Aprendí que el dolor no es malo, es un llamado al cambio. Y aprendí a abrazar los cambios, aunque incomoden y traigan caos. Hoy creo que el caos es la antesala al orden y a la visión. Aprendí a verme a mí misma desde otra perspectiva, a sonreír aun en medio del dolor y de los retos.

Descubrí también el poder de los pequeños detalles, como la empatía, la amabilidad, un saludo, un "buenos días". Cuando uno no la está pasando bien, esos gestos se sienten como una brisa fresca.

Aprendí que nada es permanente, ni la felicidad, ni la tristeza, ni el miedo, ni el dolor. Todo es pasajero y siempre hay un descanso. Esa certeza me permitió mantenerme positiva, y esa actitud genera una reacción en cadena que cambia todo. Al final, como dice el refrán: *"No hay mal que dure cien años, ni cuerpo que lo aguante"*.

Querido lector, espero que tú también encuentres tus lecciones y ajustes en los cambios que atraviesas. Que te llenes de fe y de alegría al comprender que todo es una lección. Que dejes atrás lo que ya no te sirve y agradezcas el cambio que te llevó a transformarte. Que valores la gente buena que la vida pone en tu camino, que agradezcas lo hermoso de cada día, y, sobre todo, que desarrolles la fuerza y la resiliencia para salir adelante sin importar lo que enfrentes.

Porque la vida no es lo que te pasó un día. La suma de experiencias y la manera en que reaccionas a ellas es lo que forja tu legado. Al final, cuando llegue el descanso eterno, lo que permanecerá en la memoria de quienes nos conocieron no serán nuestros tropiezos, sino el bien que dejamos en sus vidas.

Ese, querido lector, será tu legado.

CAPÍTULO 14
Gracias por caminar conmigo

Hoy cierro estas páginas con el corazón lleno de gratitud. Gracias por haberme acompañado en este recorrido, por abrir tu mente y tu alma a mi experiencia. Espero que en algún momento de estas palabras hayas encontrado un reflejo, una emoción familiar, una chispa que te haya hecho decir: "No estoy sola".

Este libro no pretende darte todas las respuestas. Yo misma sigo en proceso, sigo aprendiendo, sigo cayendo y levantándome. Lo que sí deseo es que lo que aquí compartí se haya convertido en una herramienta para ti, que te impulse a iniciar tu propio RESET a tu manera, en tus tiempos, en tus circunstancias.

Quiero invitarte a dar un paso más: a crear un pacto de apoyo mutuo. Que nos escribamos, que nos contemos nuestras historias, que compartamos cómo estamos aplicando nuestros RESETS en la vida real. Este libro nació desde mi energía femenina, pensado para acompañar a otras mujeres en su proceso de transformación. Pero también sé que la vida nos une en experiencias humanas que trascienden género, y que quizás hoy seas tú, hombre o mujer, quien ha encontrado en estas páginas un espejo o una chispa de luz para tu propio camino.

Espero que puedas compartir tus preguntas, tus intentos, tus victorias pequeñas y grandes. Y al hacerlo tejamos una red de energía que nos sostendrá y nos recordará que juntos podemos más. Te invito a buscarme, a escribirme, a seguir en contacto a través de mis redes sociales. Quiero leerte, quiero saber de ti, quiero que me cuentes qué parte de tu vida estás reiniciando. Sé que mi historia y tu historia no se encontrarán de casualidad. Algo en tu interior estaba listo para escuchar este mensaje. Te envío un abrazo energético, fuerte y luminoso. Aunque no nos conozcamos, desde mi corazón te deseo lo mejor de la vida: claridad para ver tus pasos, valentía para seguirlos y amor para sostenerte en el camino.

Gracias por permitirme entrar en tu mundo. Gracias por caminar conmigo. Ahora es tu turno. Es tiempo de tu RESET.

Con gratitud y esperanza,

Sara Esther Hernández

"No vine a sobrevivir la vida,
vine a trascenderla".

Para contactar con Sara Esther Hernández

Instagram: @libro_reset

Tik Tok : @libro.reset

Email: Libroreset@gmail.com

www.ingramcontent.com/pod-product-compliance
Lightning Source LLC
Chambersburg PA
CBHW022306060426
42446CB00007BA/606